BEI GRIN MACHT SICH IHR
WISSEN BEZAHLT

Risikomanagementprozess und Risikomanagementorganisation

Jana Breitenberger

GRIN ☺

Bibliografische Information der Deutschen Nationalbibliothek:

Die Deutsche Nationalbibliothek verzeichnet diese Publikation in der Deutschen Nationalbibliografie; detaillierte bibliografische Daten sind im Internet über http://dnb.d-nb.de abrufbar.

ISBN: 9783346723048
Dieses Buch ist auch als E-Book erhältlich.

© GRIN Publishing GmbH
Nymphenburger Straße 86
80636 München

Druck und Bindung: Books on Demand GmbH, Norderstedt Germany
Gedruckt auf säurefreiem Papier aus verantwortungsvollen Quellen

Das vorliegende Werk wurde sorgfältig erarbeitet. Dennoch übernehmen Autoren und Verlag für die Richtigkeit von Angaben, Hinweisen, Links und Ratschlägen sowie eventuelle Druckfehler keine Haftung.

Das Buch bei GRIN: https://www.grin.com/document/1272696

Einsendeaufgabe

Modul: Rating und Risikomanagement

Alternative C: Risikomanagementprozess und -organisation

Abgegeben am 18.09.2021 über den E-Campus

SRH Fernhochschule

von

Jana Breitenberger

2

Inhaltsverzeichnis

Abkürzungsverzeichnis

Abb.	Abbildung
bzw.	beziehungsweise
etc.	et cetera
f	folgend
ggf.	gegebenenfalls
KonTraG	Gesetz zur Kontrolle und Transparenz im Unternehmensbereich
S.	Seite
Vgl.	Vergleiche

4

Abbildungsverzeichnis

5

1. Aufgabe C1: Wesentliche Bestandteile des Risikomanagementprozesses

Der Risikomanagementprozess besteht aus mehreren Schritten, wobei sich die Grundstruktur in DIN ISO 31000 wiederfindet, und dabei folgende Kernpunkte umfasst, die vollständig integriert und nicht als alleinige Komponenten betrachtet werden dürfen:[1]

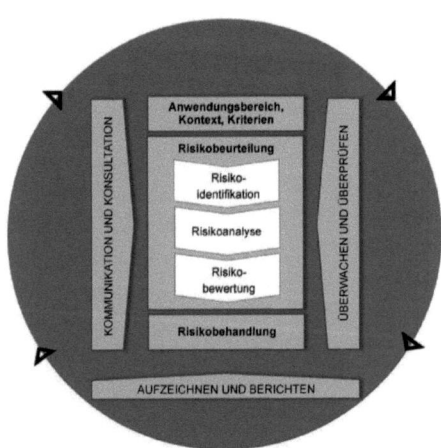

Abb. 1:Risikomanagementprozess.
(Quelle: DIN ISO 31000:2018-10, S. 16).

Dabei geht es um weit mehr als das bloße Einhalten von Gesetzen und das Abschließen von Versicherungen. Risikomanagement ein abgestimmter Prozess, mit dem unternehmensweit alle Schlüsselrisiken identifiziert und bewertet werden, um sie dann aktiv zu steuern.[2]

Risikostrategie

Ziele und Entscheidungen werden in der Geschäftsstrategie beschrieben, wodurch sich Risiken aus unterschiedlichsten Umweltfaktoren ergeben, interne als auch externe. Die Fähigkeit des Unternehmens, mit diesen Risiken umzugehen und dabei auch neu entstehende Risiken zu tragen, wird durch die Risikostrategie beschrieben. Insbesondere wird geschildert, welche Auswirkungen die Geschäftsstrategie auf die vorherrschende

---

[1] Vgl. *Hoffmann* (2017), S. 17
[2] Vgl. *Gleißner* (2017), S. 40

6

Risikosituation im Unternehmen hat. Außerdem werden Leitlinien zur Gestaltung des Risikomanagementprozess statuiert. Die Risikotoleranz wiederum handelt zum einen von Beschränkungen, die sich das Unternehmen selbst auferlegt. Dabei geht es also darum, was sich das Unternehmen erlauben kann. Zum anderen geht es um Beschränkungen durch externe Vorgaben, also darum, was sich das Unternehmen erlauben darf.[3] Das menschliche Verhalten sowie die Kultur sollten dabei über den gesamten, iterativen Risikomanagementprozess hinweg berücksichtigt werden.[4]

Kommunikation und Konsultation

Hier werden die Grundlagen geschaffen, mit welchen relevante Stakeholder Risiken, Entscheidungsgrundlagen und Handlungsgründe verstehen können. Es soll das Risikoverständnis und -bewusstsein gefördert werden, sowie Informationen und Feedback zur Entscheidungsfindung enthalten. Damit dies gelingt, müssen aus allen Bereichen Fachkenntnisse vereint werden, verschiedenste Ansichten insbesondere bei der Bewertung der Risiken müssen berücksichtigt werden und Informationen müssen in ausreichender Fülle geliefert werden. Diese Punkte sollten zu jederzeit innerhalb des Prozesses gegeben sein.[5]

Risikoanalyse

Aus der Geschäftsstrategie lassen sich alle operativen Tätigkeiten ableiten, woraus sich wiederum Risiken ergeben. Inhaltlich erstreckt sich die Risikoanalyse von der Identifikation, über die Bewertung und bis hin zur Aggregation dieser Risiken. Damit der Umgang mit eben diesen Risiken vorgegeben werden kann, müssen sie vorerst identifiziert werden, wofür nach Möglichkeit alle Risikobereiche, -objekte und -bereiche erfasst werden müssen. Es müssen die Einzelrisiken bestimmt und Risikogruppen bzw. -kategorien gebildet werden. Durch Identifikation der Einzelrisiken können relevante Risiken systematisiert, analysiert und bewertet werden. Damit können sich Unternehmen ein Bild über die Risiken verschaffen sowie die daraus resultieren Chancen erkennen und ergreifen.[6]

Unternehmen können mittels Risikokategorisierung verschiedene Risikoarten mit eigens zugeschnittenen Instrumentarien und Maßnahmen steuern, was die Risikoanalyse erleichtert. Um Risiken zu identifizieren, können zum einen Managementmethoden, wie

---

[3] Vgl. *Mahnke/Rohlfs* (2020), S. 9-10; *Hoffmann* (2017), S. 18
[4] Vgl. DIN ISO 31000:2018-10, S. 17
[5] Vgl. DIN ISO 31000:2018-10, S. 17
[6] Vgl. *Mahnke/Rohlfs* (2020), S. 10, DIN ISO 31000:2018-10, S. 20

beispielsweise die Balanced Scorecard, die SWOT-Analyse oder auch Wertschöpfungsketten angewendet werden. Des Weiteren können unterstützende Methoden zur Informationssammlung und -generierung angewendet werden. Hierfür eignen sich beispielsweise Szenario-Techniken, Checklisten und Dokumentenanalysen.[7] Eine in einem Risikokatalog strukturierte Darstellung sämtlicher bestehender und potenzieller Risiken sowie ihrer Auswirkungen ist das Ergebnis der Risikoidentifizierung, wobei eine überschneidungsfreie und möglichst konsistente Bestandsaufnahme aller Risiken das Ziel der Risikoidentifizierung darstellt. Somit wird das Gesamtrisikoprofil des Unternehmens bestimmt.[8]

Bedrohungen, welche von den Risiken ausgehen, werden durch die Festlegung von Wesentlichkeitsgrenzen analysiert und in wesentliche, unwesentliche sowie bestandsgefährdende Risiken eingeteilt wobei zu beachten ist, dass manche Risiken quantitativ und andere nur qualitativ beurteilt werden können.[9]

Ziel der Risikobewertung soll sein, das Gefahrenpotenzial, das von identifizierten Risiken ausgeht, transparent zu machen und die jeweilige Wirkung offen zu legen. Durch allgemeine Bewertungs- und Beurteilungsmethoden (z.B. ABC-Analysen, Scoring-Modelle, etc.) werden die Risiken im ersten Schritt eingeschätzt. Diese verdichten die unterschiedlichsten Risikoaspekte und können sie einem Rating unterziehen, um eine Priorisierung vorzunehmen. Im zweiten Schritt werden relevante Risiken durch den Einsatz statistischer Methoden und eindeutig definierter Größen intensiver untersucht und bewertet. Die Risikobewertung dient dabei als Grundlage für die Maßnahmen der Risikosteuerung sowie zur Bestimmung des Risikokapitalbedarfs im Einzelnen bevor anschließend in der Risikoaggregation der Gesamtrisikokapitalbedarf ermittelt wird.[10]

Die Absicht hierbei ist, den gesamten Risikokapitalbedarf eines Unternehmens, der sich auf die Entwicklung von Gewinn und Eigenkapital auswirken kann, zu bestimmen. Die aggregierten Einzelrisiken sind grundsätzlich kleiner als die summierten Einzelrisiken, sofern eine vollständig positive Korrelation ausgeschlossen ist. Dies ist auf die Diversifikation zurück zu führen, wobei zwischen den Einzelrisiken so genannte Risikoausgleichseffekte einkalkuliert werden. Ist der gesamte Risikokapitalbedarf bestimmt schließt sich die Frage an, auf welche Weise das Gesamtrisiko getragen werden kann. Die Antwort stellt das Maß der Risikotragfähigkeit dar, ob also das Unternehmen ausreichend

---

[7] Vgl. *Knauf/Bender* (2020), S. 24-30
[8] Vgl. *Mahnke/Rohlfs* (2020), S. 10-11
[9] Vgl. DIN ISO 31000:2018-10, S. 20-21
[10] Vgl. *Skorna/Nießen* (2020), S. 52-53; DIN ISO 31000:2018-10, S: 21

hohes ökonomisches Eigenkapital ausweist und somit Verluste aus Risiken absorbiert werden können, ohne dass existentielle Gefahr für das Unternehmen besteht.[11]

Risikosteuerung

Die Risikosteuerung umfasst Themen der Risikovermeidung, -verminderung und des - transfer. Mittels Risikosteuerung wird versucht, die geplante Soll-Risikosituation herzustellen, damit das Chancen-Risiko-Verhältnis den Zielvorstellungen des Unternehmens entspricht. Die Risikosteuerung soll demnach sicherstellen, dass der Risikoumfang die angestrebte Risikotragfähigkeit nicht übersteigt. Die aktuelle Risikosituation sollte mit den verbundenen Chancen gegeneinander abgewägt werden. Es können Maßnahmen wirkungs- und ursachenbezogene unterschieden werden, wobei wirkungsbezogene Maßnahmen darauf aus sind, die Auswirkungen der Risikorealisation zu verringern. Ursachenbezogene Maßnahmen hingegen, die Eintrittswahrscheinlichkeit des entsprechenden Risikos zu vermindern bzw. zu vermeiden. Zudem können Risiken an einen Dritten transferiert werden, damit es nicht mehr allein getragen werden muss. Das ursprüngliche Risiko bleibt dabei jedoch bestehen. Dieser Transfer kann entweder eine Versicherung darstellen, Lieferanten, Kunden oder auch der Kapitalmarkt selbst, ebenso kann eine Ausgliederung von Gesellschaften als Transfer gesehen werden.[12]

Risikokontrolle und Berichterstattung

Risikokontrolle beschreibt ein innerhalb des Risikomanagementprozesses zusammenfassendes und steuerndes Element, das Wirksamkeit und Effizienz des Risikomanagements beurteilt und dabei eventuell erforderliche Verbesserungspotenziale feststellt.[13]

Zur Sicherstellung, dass eingegangene Risiken tolerierbar bleiben, ist ein unternehmensweites Kontrollsystem zu implementieren. Im Wesentlichen beinhaltet die Risikokontrolle folgende Aspekte:

- Überprüfung der Verhältnismäßigkeit der Maßnahmen, insbesondere den Aufbau und Ablauf des Risikomanagementprozesses betreffend,

- die Sicherstellung, dass alle wesentlichen Risiken vollständig erfasst und angemessen bewertet wurden,

---

[11] Vgl. *Mahnke/Rohlfs* (2020), S. 12-13; DIN ISO 31000:2018-10, S. 20
[12] Vgl. *Mahnke/Rohlfs* (2020), S. 13-14; *Skorna/Nießen* (2020), S. 64; DIN ISO 31000:2018-10, S. 21-22
[13] Vgl. *Vanini* (2016), S. 286-288

- durchgehende Anwendung von risikorelevanten Maßnahmen,
- Einhaltung integrierter Kontrollen,
- und Kommunikation.

Damit eine spätere Überprüfung vorgenommen werden kann, verlangt die Risikokontrolle eine systematische Dokumentation, die Risikoberichterstattung. Diese berichtet über das Risikoprofil des Unternehmens und teilt sich in interne und externe Berichterstattung auf. Die interne Berichterstattung berichtet in Abstimmung mit den Unternehmensbereichen an die Geschäftsführung, den Aufsichtsrat und entsprechende Managementebenen. Die externe Berichterstattung hingegen besitzt öffentliches Interesse und folgt gesetzlichen Vorgaben, insbesondere der Lagebericht gemäß den §289-289f HGB ist hier bedeutsam, konkretisiert durch den DRS 20[14], der für den Einzelabschluss zwar nicht zwingend nötig, jedoch empfohlen wird und somit als Rahmenwerk für eine angebrachte öffentliche Berichterstattung gilt.[15]

---

[14] Gesamtheit aller Regelungen, die einen strukturierten Umgang mit Risiken oder Chancen im Unternehmen bzw. Konzern sicherstellen, vgl. DRS 20, Tz. 11
[15] Vgl. *Mahnke/Rohlfs* (2020), S. 15; DIN ISO 31000:2018-10, S. 23

2. Aufgabe C2: Eckpunkte zum Aufbau eines Risikomanagementsystems

Aufgrund einer unvorhersehbaren Zukunft gelten Risiken als Planabweichungen, die aus diesen Unvorhersehbarkeiten resultieren können. Als Querschnittsfunktion hat das Risikomanagement das Ziel, den Risikoumfang transparent zu machen, damit eventuelle bestandsbedrohende Entwicklungen frühzeitig erkannt werden. Um solche bestandsbedrohende Entwicklungen einzuschätzen, ist eine Berechnung bestehender Risiken unumgänglich.[16]

Wenn es darum geht, unternehmerisches Handeln, das zwangsläufig risikobehaftet ist, und effektive Risikovorsorge zu vereinen, dann ist es notwendig, eine angemessene Risikokultur in Form eines Risikomanagements im Unternehmen einzuführen. Schlussendlich geht es beim Risikomanagement nicht darum, Risiken vollständig zu eliminieren, sondern darum, Risiken zu verstehen, bei Entscheidungen zu berücksichtigen und anschließend so weit zu minimieren, dass man die Risiken eingehen und die daraus entstehenden Chancen realisieren kann.[17]

Damit ein Risikomanagement implementiert werden kann, sollte die Organisation zuerst geeignete Pläne entwickeln und feststellen, wie der Entscheidungsfindungsprozess in der Organisation abläuft. Erst wenn das Rahmenwerk richtig implementiert ist, wird der Risikomanagementprozess ein Teil aller Aktivitäten sein. In der Organisation ist jeder mitverantwortlich dafür, dass mit Risiken richtig umgegangen wird und sollte daher an die Kultur und Bedürfnisse der Organisation nicht nur angepasst sein, sondern ein Teil davon sein.[18]

Aufgrund dessen muss das Risikomanagementsystem integraler Bestandteil des Unternehmensmanagements sein und ein Risikofrühwarnsystem, ein Risikoüberwachungssystem sowie ein Risikobewältigungssystem umfassen. Das **Risikofrühwarnsystem** beinhaltet dabei die Risikoidentifikation, -analyse und -bewertung, welche im weiteren Schritt aggregiert werden. Risikokommunikation und Risikobericht verlaufen idealerweise parallel dazu über ein vorhandenes Informationssystem.[19] Frühwarnsysteme liefern entscheidungsrelevante Informationen und haben zum Ziel, potenzielle Gefahrensituationen frühzeitig zu erkennen, indem Risikotransparenz

---

[16] Vgl. *Gleißner* (2017a), S. 525
[17] Vgl. *Buchholz/Knorre* (2019), S. 177-179
[18] Vgl. DIN ISO 31000:2018-10, S. 13-15
[19] Vgl. *Müller/Müller* (2020), S. 213

geschaffen wird. Dabei ist die Steigerung des Value at Risk (Verlusthöhe in Geldeinheiten, die innerhalb eines bestimmten Zeitraums mit einer bestimmten Wahrscheinlichkeit nicht überschritten wird[20]) ein entscheidender Hebel, um ein effektives und effizientes Frühwahnsystem zu gestalten. Um ein geeignetes Frühwarnsystem zu implementieren, ist die Abarbeitung von sechs Projektphasen erforderlich:

1. Um Akzeptanz zu schaffen, ist das **Festlegen des Projektteams** erforderlich. So werden alle betroffenen und verantwortlichen Mitarbeiter mit einbezogen und es können pragmatische und täglich einsetzbare Lösungen zur Früherkennung von Risiken gestaltet werden.

2. Durch das **Auswählen und Detaillieren von Themenfeldern und Annahmen** können schlussendlich relevante und beeinflussbare Hypothesen erfasst werden

3. Um eine vollständige Untersuchung aller relevanter Risiken zu gewährleisten, erfolgt eine unternehmensspezifische **Identifikation, Analyse und Bewertung aller Risiken.** Die Risiken werden dabei priorisiert und auf Unternehmensebene aggregiert.

4. Auf Basis dessen können **Handlungsstrategien** zur Optimierung der einzelnen Risikopositionen **abgeleitet werden.**

5. Auf Grundlage dieser Erkenntnisse erfolgt anschließend die **Entwicklung** und der **Aufbau eines Frühwarnsystems.**

6. Anschließend werden **Empfehlungen** für die Neuausrichtung der Geschäftsfelder **erarbeitet** und Vorschläge zur **Umsetzung** eines Frühwarnsystems **geplant.**

7. Schlussendlich wird das **Frühwarnsystem eingeführt.**[21]

Der zweite Eckpfeiler stellt das **Risikobewältigungssystem** dar. Hierunter fallen die Handhabung und Steuerung von Risiken sowie die Gefahrenabwehr.[22]
Hauptsächlich wird natürlich versucht, Risiken so gut es geht zu vermeiden. Da dies nicht immer möglich ist spielt auch die Risikominderung bei der Bewältigung eine große Rolle. Zur Verbesserung der Risikolage werden die Maßnahmen definiert, welche Risiken vermeiden und verhindern können. Anschließend werden Änderungen von Eintrittswahrscheinlichkeiten und die jeweilige Schadenshöhe der einzelnen Risiken erfasst und verfolgt. Dies beinhaltet zudem die Überwachung der Wirksamkeit einzelner

---

[20] Vgl. *Stier* (2017), S. 20
[21] Vgl. *TCW GmbH & Co. KG* (o.J.)
[22] Vgl. *Müller/Müller* (2020), S: 214

Maßnahmen zur Vermeidung und Verminderung von Risiken. Werden Abweichungen festgestellt, erfolgt eine Korrektur der Maßnahme. Dieser Schritt wird Risiko-Monitoring genannt. Zum Schluss findet eine Berichterstattung zur Maßnahmenzusammensetzung und Risikolage statt. Maßnahmen vermindern Risiken zwar, können diese oftmals aber nicht gänzlich eliminieren und es bleibt ein Restrisiko bestehen. Dieses Restrisiko muss abgeschätzt werden. Zudem muss ein Zeitpunkt benannt werden, wann die jeweilige Maßnahme einzuleiten ist. Hierfür muss ein Risikoplan erstellt werden, der es ermöglicht, die Risikolage jederzeit zu beurteilen und darüber zu berichten. Nicht alle Risiken können und wollen jedoch vermieden oder vermindert werden, was abhängig von der Risikofreudigkeit des Unternehmens ist und natürlich auch vom Risikoausmaß.[23] Die Maßnahmen zur Risikobewältigung tragen im besten Fall zur Optimierung des Ertrag-Risiko-Profils bei.[24]

Das **Risikoüberwachungssystem** stellt den dritten Eckpfeiler des Risikomanagementsystems dar und hat zur Aufgabe, die Einhaltung der getroffenen Maßnahmen zu überwachen und zu gewährleisten.[25]

Risiken verändern sich im Zeitverlauf ständig, weshalb eine anhaltende Überwachung der wesentlichen Risiken notwendig ist und auch durch das KonTraG gefordert wird. Die Verantwortlichkeit der Überwachung, also auch Umfang und Turnus, muss klar zugeordnet und auch dokumentiert werden.[26]

Ein internes Kontrollsystem stellt die Voraussetzung einer Risikoüberwachung dar. Auch die interne Revision ist Bestandteil dieses Überwachungssystems, welche insbesondere als unabhängige Instanz das Risikocontrolling überwacht. Durch die Abweichungsanalysen dieser Instanzen sollen mitunter die Zielerreichung als auch die Risikoveränderungen erfasst und kontrolliert werden. Durch diese durchgehende Kontrolle soll die Geschwindigkeit erhöht werden, mit welcher das Unternehmen auf riskante Entwicklungen reagieren kann.[27]

Risikofrüherkennung, Risikobewältigung und Risikoüberwachung münden schlussendlich in eine existenzsichernde Risikopolitik. In Praxis und Wissenschaft sind zahlreiche

---

[23] Vgl. *Rezagholi* (2016), S. 99-100; *Gleißner/Wolfrum* (2019), S. 8-9
[24] Vgl. *Gleißner/Wolfrum* (2019), S. 13
[25] Vgl. *Müller/Müller* (2020), S: 213-214
[26] Vgl. *Gleißner/Wolfrum* (2019), S. 9
[27] Vgl. *Müller/Müller* (2020), S. 225-226

13

Instrumente und Ansätze entwickelt worden, die als Bestandteil des Risikocontrollings gelten.[28]

Demnach ist es auch möglich, das Risikomanagement als integralen Bestandteil des Controllings anzusehen und die Aufgaben des Risikomanagements durch bereits vorhandene Managementsysteme abzudecken. Somit sollen Effizienz, Akzeptanz und Qualität des Risikomanagements erhöht werden. Konkret geht es darum, dass Planung immer auf unsichere Zukunftsannahmen basieren und diese somit die Risiken darstellen und im Rahmen des Risikomanagements erfasst, bewertet und bewältigt werden sollen. Zunächst unsichere Planannahmen werden zu einem späteren Zeitpunkt mit den tatsächlich eingetretenen Abweichungen verglichen, um Risiken zu identifizieren und diese zu bewerten. Damit wird die Aufgabe der Risikoidentifikation und Risikobewertung in die Bereiche Planungsprozesse, Controllingprozesse und Budgetierungsprozesse eingegliedert, wodurch Planer und Controller diejenigen Risiken identifizieren und bewerten können, die ihr tägliches Tätigkeitsfeld mit sich bringt.[29]

Somit wird deutlich, dass Risikopolitik Aufgabe eines jeden Mitarbeiters ist. Wird das Risikomanagement in die Unternehmensorganisation eingebunden, stehen mit dem Performance Management und der Balanced Scorecard Instrumente zur Verfügung, mit welchen diese Politik umgesetzt werden kann.[30]

Das unternehmensweite Risikomanagement sollte solche Managementsysteme nutzen. Die Unternehmensführung sollte in die Lage versetzt werden, die Unwägbarkeiten einer nicht vorhersehbaren Zukunft besser abzuwägen und somit im Entscheidungskalkül zu berücksichtigen. Nur so kann der Unternehmenserfolg nachhaltig gefördert werden.[01]

---

[28] Vgl. *Müller/Müller* (2020), S. 215-216
[29] Vgl. *Gleißner* (2017b), S. 121-122
[30] Vgl. *Wolf/Runzheimer* (1999), S. 59; *Gleißner* (2005), S. 486-487
[31] Vgl. *Gleißner* (2017a), S. 526

3. Aufgabe C3: Systematischer Entscheidungsprozess unter Berücksichtigung von Risiko und Rating

Unternehmen gehen in der Regel nicht absichtlich insolvent. In den meisten Fällen kommt es aufgrund negativer Planabweichungen zu Insolvenzen, welche durch existierende Risiken ausgelöst werden. Risiken existieren dabei nicht nur, sie finden sich auch in Informationsasymmetrien wieder. Damit Stakeholder fundierte Anlage- und Finanzentscheidungen treffen können ist es notwendig, diese Informationsasymmetrien zu verringern. Hier kommt das so genannte Rating ins Spiel, welches zur Klassifizierung von Kreditwürdigkeit und Bonität eines Ratingobjektes dient.[32]

Um einen entscheidenden Vorteil für den Unternehmenserfolg darzustellen, müssen Risikomanagementsysteme bei unternehmerischen Entscheidungen berücksichtigt werden. Um bestehende Handlungsoptionen beurteilen zu können müssen geeignete Voraussetzungen geschaffen werden. Allein die Transparenz über Risiken reicht dabei nicht aus. Insbesondere die Informationsgewinnung über den aggregierten Gesamtrisikoumfang ist von Nöten, um Handlungsoptionen beurteilen zu können, vor allem im Hinblick auf das Ertrags-Risiko-Profil.[33]

Um Handlungsoptionen eines Unternehmens bewerten zu können benötigt man ein entsprechendes Performancemaß. Damit sowohl Risiko, Ertrag und auch Rating berücksichtigt werden, kommt vor allem der Unternehmenswert in Betracht, da hier die erwarteten Erträge entsprechend risikogerecht diskontiert werden.[34]

Durch die Berechnung des Unternehmenswertes können erwartete Erträge und die damit verbundenen Risiken abgewogen werden. Kapitalkosten stellen die risikogerechte Mindestanforderung an Renditen dar und beeinflussen den Unternehmenswert. Dabei ist sicherzustellen, dass es sich um solche Kapitalkosten handelt, die tatsächlich vom Ertragsrisiko abhängen. Insbesondere ist zu beachten, dass auch Veränderungen des Risikoumfangs Veränderungen im Rating nach sich ziehen, da sie wie eine negative

---

[32] Vgl. *Kaya/Rrahimi* (2020), S. 711
[33] Vgl. *Gleißner* (2017b), S. 139
[34] Vgl. *Gleißner* (2017b), S. 140

Wachstumsrate des Erwartungswertes der Erträge wirken, was wiederum den Unternehmenswert in erheblichem Maße beeinflusst.[35]

Ein qualitativ hochwertiger Entscheidungsprozess kann nicht anhand des Ergebnisses beurteilt werden, da eben dieses Ergebnis von zu vielen Zufällen beeinflusst werden kann. Deshalb ist es wichtig, alle zum Entscheidungszeitpunkt vorhandenen Informationen mit in den Entscheidungsprozess einzubeziehen. Folgende zehn Punkte stellen einen Entscheidungsprozess dar, mit deren Hilfe fundiert Entscheidungen vorbereitet und getroffen werden können:[36]

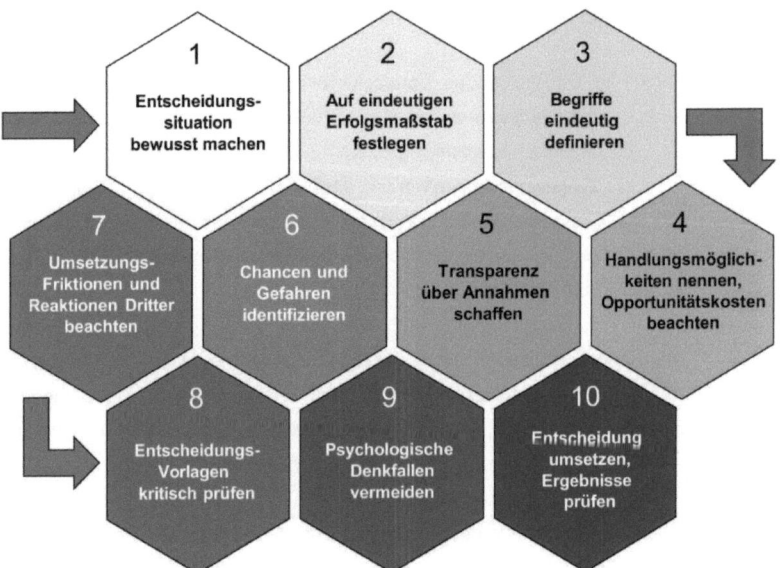

Abb. 2: Zehn Punkte guter unternehmerischer Entscheidungen.
(Quelle: *Gleißner* (2014), S, 34).

Die einzelnen Schritte werden im Folgenden näher erläutert.

---

[35] Vgl. *Gleißner/Feldmann/Fuhrmeister* (2018), S. 44
[36] Vgl. *Gleißner* (2014), S. 34

Entscheidungssituation bewusst machen

Vielen ist nicht bewusst, dass sie sich in einer Entscheidungssituation befinden, da viele Situationen gar nicht als eine Entscheidungssituation wahrgenommen werden. Dabei stellt aber auch die Beibehaltung einer Situation eine Entscheidung dar oder auch das Abwägen und erneute prüfen. Meist sind es Situationen, in denen kein Problemempfinden besteht, die nicht als Entscheidungssituation wahrgenommen werden. Wenn kein Problem besteht, warum sollte man dann etwas am bestehenden Zustand ändern? Die Schaffung eines Bewusstseins ist demnach der Start eines jeden Entscheidungsfindungsprozesses. Dabei ist es nicht von Belang, ob es sich um einfache oder hoch komplexe Probleme handelt.[37]

Auf eindeutigen Erfolgsmaßstab festlegen/ Begriffe eindeutig definieren

Als nächsten Schritt sollte man sich Klarheit darüber verschaffen, was das primäre Ziel darstellt, damit nicht nur die Teilziele betrachtet werden. Die Steigerung des Unternehmenswertes beispielsweise kann als eindeutiges Primärziel festgelegt werden. Es stellt eine klare Messvorschrift dar und ist zahlenmäßig erfass- und berechenbar. Anschließend können bestehende Entscheidungsvarianten eindeutig beurteilt und abgeleitet werden. Die einzelnen Handlungsoptionen werden dann gewichtet und wieder auf das primäre Ziel, die Steigerung des Unternehmenswertes, verdichtet.

Wird der Unternehmenswert als langfristige Zielgröße verwendet ist es wichtig, dass auch mögliche Planabweichungen erfasst werden, da der gesamte zukünftige Gewinn gesteigert werden soll. Nicht immer stellt dabei das Projekt mit dem höchsten Erwartungswert auch das Projekt dar, welches durchzuführen ist.

Analog zur eindeutigen Beschreibung der Zielgröße ist die Definition der Begrifflichkeiten, welche die Entscheidungssituation beschreiben, relevant. Auf schwammige Beschreibungen sollte verzichtet werden, damit keine beteiligte Partei nur Vermutungen anstellt.[38]

---

[37] Vgl. *Gleißner* (2014), S. 34
[38] Vgl. *Gleißner* (2014), S. 34-36

Handlungsmöglichkeiten nennen, Opportunitätskosten beachten

Grenzt man die betrachteten Handlungsoptionen zu früh ein besteht die Gefahr, dass andere interessante, aber noch nicht betrachtete Optionen übersehen werden, die sich jedoch als besonders aussichtsreich herausstellen würden. Eine Option nur aufgrund ihrer Vorteile auszuwählen kann sich dabei ebenfalls als Fehler herausstellen. Denn auch wenn diese Option lediglich Vorteile hat, kann es eine noch bessere geben, welche beispielsweise nicht ganz so vorteilhaft, dafür aber Ressourcenschonender und somit für das Primärziel zweckdienlicher ist. Die Berücksichtigung der Opportunitätskosten, also das Einsetzen von Ressourcen für eine Option, die dann nicht mehr anderweitig eingesetzt werden können, stellt einen wesentlichen Aspekt bei der Entscheidungsfindung dar. Man spricht hierbei vom ökologischen Rationalitätskonzept.[39]

Transparenz über Annahmen schaffen/Chancen und Gefahren identifizieren

Erträge und Risiken müssen bereits in der Entscheidungsvorbereitung quantifiziert und gegeneinander abgewogen werden. Insbesondere der aggregierte Gesamtrisikoumfang ist entscheidungsrelevant. Dieser drückt sich meist im Eigenkapitalbedarf eines Unternehmens aus. Grundlage stellt eine nachvollziehbare Planung dar, welche sowohl mögliche Planabweichungen, positive wie negative, quantifiziert. Eine wertorientierte Unternehmensführung wägt erwartete Erträge und Risiken gegeneinander ab, was eine Identifikation der mit der Planung einhergehenden Risiken notwendig macht. Zunächst sollten demnach die Risiken identifiziert werden, welche die Erfolgsfaktoren bedrohen. Zusätzlich identifizierte Risiken, welche sich aus der Analyse der Planung ergeben, werden anschließend identifiziert und aggregiert. Dieser aggregierte Gesamtrisikoumfang ist schlussendlich Entscheidungsrelevant, denn gerade der Umfang möglicher Verluste, welche risikobedingt sind, entsprechen dem Eigenkapitalbedarf und geben Aufschluss über die Finanzierungsstruktur. Diese muss gewährleisten, dass die Risikotragfähigkeit den Risikoumfang abdeckt. Je nachdem, welcher Sicherheitsgrad gewünscht wird, hängt vom Ziel-Rating ab. Beispielsweise entsprechen eine 1%ige Insolvenzwahrscheinlichkeit einem „BB"-Rating. Diese Insolvenzwahrscheinlichkeit wirkt wie eine Wachstumsrate der Erträge, nur negativ, und beeinflussen den Unternehmenswert erheblich. Hier wird deutlich, dass das Rating einen Werttreiber darstellt und es zu Veränderungen des Ratings kommt, wenn sich der Risikoumfang verändert.[40]

---

[39] Vgl. *Gleißner* (2014), S. 36
[40] Vgl. *Gleißner* (2013a), S. 114-116

Als Implikation möglicher unternehmerischer Entscheidungen aus Sicht der Shareholder dient die Berechnung des Unternehmenswertes. Genauer gesagt das Abwägen von erwarteten Erträgen und Risiken. Hierbei ist es wichtig, auch die Konsequenzen von Entscheidungen aus der Sicht der Shareholder zu beurteilen und auch, welche Konsequenzen diese Handlungen für das zukünftige Rating haben könnten. Diese Untersuchung nennt sich Ratingprognose und dient dazu, potenzielle Bestandsbedrohungen zu beurteilen. Ratingprognosen haben somit die Funktion eines Krisenfrühwarnsystems. Krisen und Insolvenzen treten im Normalfall nicht auf, schon gar nicht geplant, jedoch sollten diese unerwarteten Ereignisse insbesondere bei geplanten Großinvestitionen nicht gänzlich außer Acht gelassen werden. Bei einer Entscheidung zu einer Großinvestition könnte beispielsweise eine Ratingprognose für den Fall durchgeführt werden, dass der Umsatz zu einem Großteil einbricht.[41]

Umsetzungsfriktionen und Reaktionen Dritter beachten

Umsetzungsfriktionen stellen bei der Beurteilung von Handlungsoptionen ein Risiko dar. Es wird davon ausgegangen, dass die festgelegten Maßnahmen perfekt umgesetzt werden. Akzeptanzprobleme der Mitarbeiter, mögliche Reaktionen von Wettbewerbern und sonstige externe Einflüsse werden oftmals ignoriert, hauptsächlich zur Komplexitätsreduktion. Diese Punkte müssen jedoch berücksichtigt werden, um eventuelle Reaktionen bereits vor Wahl der Handlungsoption durchzuspielen. Dabei sollte die Option gewählt werden, die auch noch unter der ungünstigsten Reaktion ein möglichst gutes Ergebnis erzielt. Es sollte versucht werden, die Interessen aller Akteure zu verstehen.[42] Im Hinblick von Unternehmensübernahmen könnte man sich hier vorstellen, dass gerade das Ansehen in einem bestimmten Unternehmen zu arbeiten, für manche Mitarbeiter ein starker Faktor ist, um gegen eine Fusion oder ähnliches zu sein.

Entscheidungsvorlagen kritisch prüfen

Eine kritische Prüfung von Entscheidungen auch durch einen außenstehenden Dritten ist sehr wichtig. Dieser sollte vorerst eine Gegenposition einnehmen, damit eine Entscheidung aus allen Winkeln heraus kritisch betrachtet wird. So kann es vorkommen, dass eine vorgeschlagene Option nur vorteilhaft erscheint, wenn sämtliche Annahmen exakt zutreffen und bei der kleinsten Abweichung die Option nicht mehr sinnvoll scheint. Auch sollte ein Lösungsvorschlag immer im Hinblick unsicherer Planannahmen untersucht werden. Hieraus

---

[41] Vgl. *Gleißner* (2013a), S. 116
[42] Vgl. *Gleißner* (2014), S. 38

lässt sich schließen, dass robuste Strategien, welche mehr Flexibilität zulassen und Abhängigkeiten vermeiden, vorzuziehen sind. Im Entscheidungskalkül sind sowohl Pro- als auch Kontra-Argumente aufzuzeigen und zu beachten.[43]

Psychologische Denkfallen vermeiden

In komplexen Entscheidungssituationen intuitiv richtig zu entscheiden, gelingt nur selten. Die hohe Dynamik, vielfältige Verknüpfungen, anfängliche Intransparenz der Ziele und die Langfristigkeit der Auswirkungen zu durchblicken stellen große Herausforderungen dar. Unangemessenes vereinfachen der Problemstellung, selektive Informationsaufnahme oder auch das Treffen von Entscheidungen, weil sie mit der bisherigen Einstellung übereinstimmen, stellen solche Denkfallen dar, welchen in der Entscheidungsvorbereitung entgegenzuwirken ist.[44]

Entscheidung umsetzen, Ergebnisse prüfen

Zum Schluss sollte ein konkreter Plan für die Umsetzung der Entscheidung eingeschlossen werden und auch eine klare Zuordnung der Verantwortlichkeiten bestehen. Es können Anreize zur Umsetzung für die Mitarbeiter gesetzt werden. Desweiteren muss die Umsetzung überwacht sowie ein Rückkopplungsmechanismus etabliert werden. Ergebnisse müssen überprüft und gegebenenfalls modifiziert oder revidiert werden.[45]

Rating und Ertragsrisiken bestimmen den Unternehmenswert und sollten daher immer im Zusammenspiel betrachtet werden. Entscheidungen beeinflussen den Unternehmenswert und das zukünftige Rating. Da die Zukunft unsicher ist und nicht mit Sicherheit vorhergesagt werden kann, müssen Risiken (Gefahren und auch Chancen) angegeben und quantifiziert werden. Stomit ist es die Aufgabe des Risikomanagements aufzuzeigen, ob Entwicklungen vorliegen, welche man als bestandsgefährdend einstufen würde. Die Ergebnisse des Risikomanagements sind weiterhin für das Rating wichtig, denn die Ratingquote drückt die Insolvenzwahrscheinlichkeit aus und dient somit als Messzahl für den Grad einer Bestandsbedrohung.[46]

---

[43] Vgl. *Gleißner* (2014), S. 38-39
[44] Vgl. *Gleißner* (2014), S. 40
[45] Vgl. *Gleißner* (2014), S. 40
[46] Vgl. *Gleißner* (2017b), S. 32-36

Literaturverzeichnis

DIN Deutsches Institut für Normung e. V. (2018), Risikomanagement – Leitlinien (ISO 31000:2018), Berlin.

Gleißner, W. (2005), Value-based Corporate Risk Management. In: *Frenkel, M./Hommel, U./Rudolf, M.* (Hrsg.), Risk Management. Challenge and Opportunity, 2nd Ed., Berlin, Heidelberg, New York, p. 479-494.

Gleißner, W. (2013a), Risiko, Rating, Krisenprävention und wertorientiertes Management: Die Zusammenhänge, Der Aufsichtsrat, 07/08, S. 114-116.

Gleißner, W. (2014), 10 Gebote für gute unternehmerische Entscheidungen, Controller Magazin, 4/2014, S. 34-41.

Gleißner, W. (2017a), Grundlagen des Risikomanagements. Mit fundierten Informationen zu besseren Entscheidungen, 3. Aufl., München.

Gleißner, W. (2017b), Rating, Risikomanagement und die Bewertung von Ratingstrategien, 1. Aufl., Studienbrief der SRH Fernhochschule, Riedlingen.

Gleißner, W./Feldmann, B./Fuhrmeister, C. (2018), Risikogerechte Beurteilung: Unternehmenswert und Rating. In: *Bluhm, U./Gleißner, W./Nothnagel, P./Veltins M.A.* (Hrsg.), Vade Mecum für Unternehmenskäufe. Wiesbaden, S. 43-67.

Gleißner, W./Wolfrum, M. (2019), Risikoaggregation und Monte-Carlo-Simulation. Schlüsseltechnologie für Risikomanagement und Controlling, Wiesbaden.

Hoffmann, W. (2017), Der Risikomanagementprozess. In: Risikomanagement. DVP Projektmanagement, Berlin, S. 17-52.

Kaya, H./Rrahimi, M. (2020), Rating und Solcenvy II, in: *Mahnke, A./Rohlfs, T.* (Hrsg.), Betriebliches Risikomanagement und Industrieversicherung. Erfolgreiche Unternehmenssteuerung durch ein effektives Risiko- und Versicherungsmanagement. Wiesbaden, S. 709-736.

Knauf, W./Bender, J. (2020), Risikoidentifizierung und -klassifizierung, in: *Mahnke, A./Rohlfs, T.* (Hrsg.), Betriebliches Risikomanagement und Industrieversicherung. Erfolgreiche Unternehmenssteuerung durch ein effektives Risiko- und Versicherungsmanagement. Wiesbaden, S. 19-40.

Mahnke, A./Rohlfs, T. (2020), Risikomanagement im Unternehmen, in: *Mahnke, A./Rohlfs, T.* (Hrsg.), Betriebliches Risikomanagement und Industrieversicherung. Erfolgreiche Unternehmenssteuerung durch ein effektives Risiko- und Versicherungsmanagement. Wiesbaden, S. 3-18.

Müller, S./Müller, S. (2020), Unternehmenscontrolling. Managementunterstützung bei Erfolgs-, Finanz-, Risiko- und Erfolgspotenzialsteuerung, 3. Aufl., Wiesbaden.

Rezagholi, M. (2014), Risikomanagement in der Softwareentwicklung – Verfahren und Anwendung, HMD Praxis der Wirtschaftsinformatik, Jg. 44, Nr. 2007, S. 94-102.

Rohlfs, T. (2016), Risikomanagement im Versicherungsunternehmen. Identifizierung, Bewertung und Steuerung, Karlsruhe.

Romeike, F. (2018), Risikomanagement, Wiesbaden.

Skorna, A./Nießen, P. (2020), Risikoanalyse, -bewertung und -steuerung, in: *Mahnke, A./Rohlfs, T.* (Hrsg.), Betriebliches Risikomanagement und Industrieversicherung. Erfolgreiche Unternehmenssteuerung durch ein effektives Risiko- und Versicherungsmanagement. Wiesbaden, S. 41-66.

Stier, C. (2017), Risikomanagement und wertorientierte Unternehmensführung. Effizienz- und Monopoleffekte, Wiesbaden.

TCW Transfer-Centrum für Produktinos-Logistik und Technologie-Management GmbH & Co. KG (2003), Risikomanagement und Rating bei Industrieunternehmen, https://www.tcw.de/news/risikomanagement-und-rating-bei-industrieunternehmen-76, abgerufen am 14.06.2021.

22

TCW Transfer-Centrum für Produktinos-Logistik und Technologie-Management GmbH & Co. KG (o.J.), Implementierung von Frühwarnsystemen in der Beschaffung, https://www.tcw.de/beratungsleistungen/risikomanagement/implementierung-von-fruehwarnsystemen-119, abgerufen am 08.08.2021.

Vanini, U. (2016), Risikocontrolling in der Unternehmenspraxis, in: *Becker, W./Ulrich, P.* (Hrsg.), Handbuch Controlling. Wiesbaden, S. 285-301.

Wolf, K./Runzheimer, B. (1999), Risikomanagement und KonTraG: Konzeption und Implementierung, Wiesbaden.